ספר בית - ilé-ìwé		2
נסיעה - ìrìn àjò		5
תחבורה - ọkọ̀		8
עיר - ìlú		10
נוף - ẹlẹ́bùú		14
מסעדה - ilé oúnjẹ		17
סופרמרקט - ibi ìtajà		20
שתיות - ohun mímu		22
אוכל - oúnjẹ		23
חווה - oko		27
בית - ilé		31
סלון - yàrá ìgbé		33
מטבח - ilé ìdáná		35
חדר אמבטיה - ilé ìwẹ̀		38
חדר ילדים - yàrá ọmọdé		42
בגדים - aṣọ		44
משרד - ọfisi		49
כלכלה - ọrọ̀ ajé		51
מקצועות - àwọn iṣẹ́ àáyò		53
כלי עבודה - àwọn irinṣẹ́		56
כלי נגינה - àwọn irinṣẹ́ orin		57
גן חיות - ibi ẹranko		59
ספורט - àwọn eré ìdárayá		62
פעילויות - àwọn iṣẹ́		63
משפחה - ẹbí		67
גוף - ara		68
בית חולים - ilé ìwòsàn		72
חירום - pàjáwìrì		76
כדור הארץ - Ayé		77
שעון - aago		79
שבוע - ọ̀sẹ̀		80
שנה - ọdún		81
צורות - àwọn ìrísí		83
צבעים - àwọn àwọ̀		84
הפכים - òdì		85
מספרים - nọ́mbà		88
שפות - àwọn èdè		90
איך / מה / מי - tani / kínni / báwo		91
איפה - níbo		92

Impressum
Verlag: BABADADA GmbH, Nedderfeld 112 , 22529 Hamburg
Geschäftsführer / Verlagsleitung: Harald Hof
Druck: Books on Demand GmbH, In de Tarpen 42, 22848 Norderstedt

Imprint
Publisher: BABADADA GmbH, Nedderfeld 112 , 22529 Hamburg, Germany
Managing Director / Publishing direction: Harald Hof
Print: Books on Demand GmbH, In de Tarpen 42, 22848 Norderstedt

בית ספר
ilé-ìwé

כיתה — yàrá ìkàwé
חילק — pínpín
לוח — pẹpẹ
חצר בית ספר — yáàdì ilé-ìwé
מורה — olùkọ́
נייר — pépà
כתב — kọwé
עט — kálàmù
שולחן עבודה — desiki
סרגל — rúlà
ספר — ìwé
תלמיד — akẹ́kọ̀ọ́

ילקוט
ọrá

קלמר
àpò pẹnsùru

עיפרון
pẹnsùru

מחדד
olùgbẹ́ pẹnsùru

גומי מחיקה
rọ́bà

חוברת סרטוט
bọ̀tìnnì yíyàwòrán

סרטוט
yíyàròwán

מברשת
burọ́ṣi ọdà

קופסת צבעים
àpótí ọdà

מספריים
sisọ́sì

דבק
gúlù

ספר תרגול
iwé iṣẹ́

שיעור בית
iṣẹ́ àmúrelé

מספר
nọ́mbà

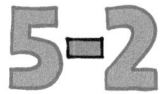

חיבר
àfikún

חיסר
àyọkúrò

הכפיל
ìsọdipúpọ̀

חישב
ṣírò

A

אות
lẹ́tà

ABCDEFG
HIJKLMN
OPQRSTU
VWXYZ

אלפבית
alábídí

מילה
ọ̀rọ̀ síso

בית ספר - ilé-ìwé

טקסט ọrọ kíkọ	קרא kàwé	גיר ṣọọkì

שיעור ìkẹ́kọ̀ọ̀	יומן נוכחות forúkọsílẹ̀	מבחן ìdánwo

תעודה ìwé-ẹrí	תלבושת בית ספר aṣọ ilé-ìwé	חינוך ẹ̀kọ́

אנציקלופדיה ìwé ìmọ̀	אוניברסיטה yunifasiti	מיקרוסקופ ẹ̀rọ gbohùngbohùn
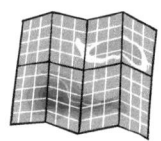		
מפה àwòrán àgbáyé	סל נייר agbọ̀n ìdalẹ̀nù	

בית ספר - ilé-ìwé

נסיעה

ìrìn àjò

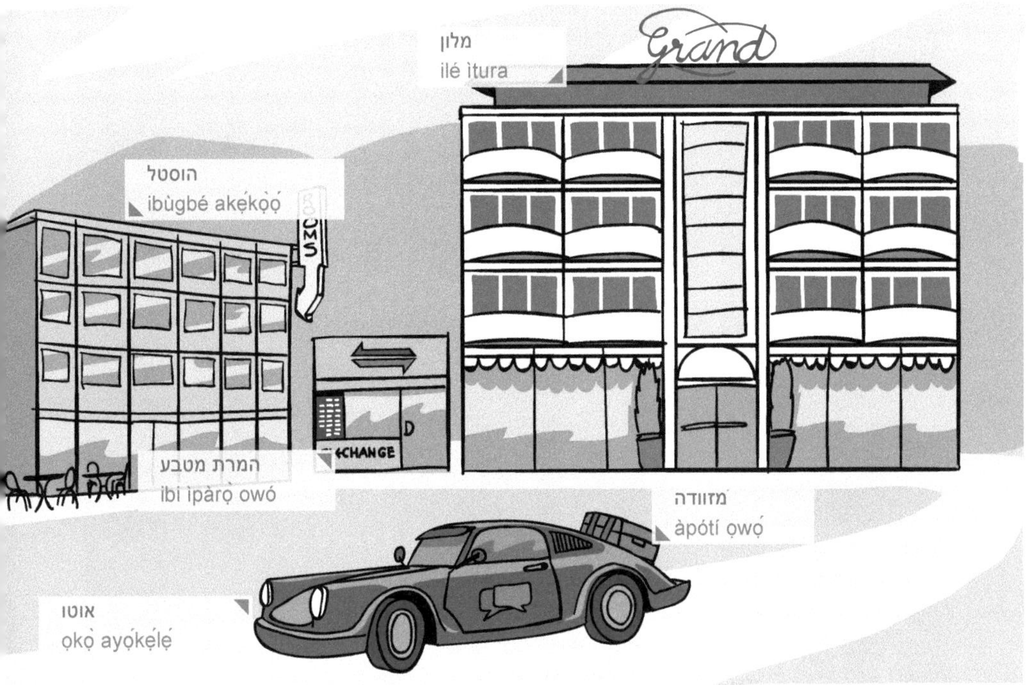

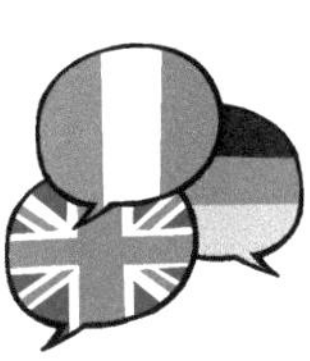

מלון
ilé ìtura
Grand
הוסטל
ibùgbé akẹ́kọ̀ọ́
ROOMS
המרת מטבע
ibi ìpàrọ̀ owó
EXCHANGE
מזוודה
àpótí ọwọ́
אוטו
ọkọ̀ ayọ́kẹ́lẹ́

שפה

èdè

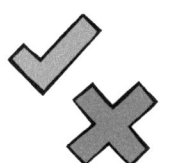

כן / לא

bẹ́ẹ̀ni / bẹ́ẹ̀kọ́

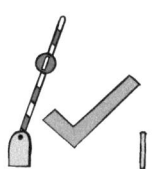

בסדר

Ó dára

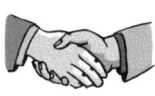

שלום

ẹpẹ̀lẹ́

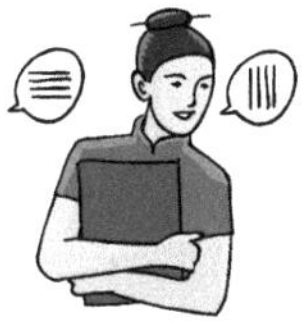

מתרגם

olùtúmọ̀ èdè

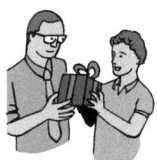

תודה

O ṣeun

כמה עולה....?
èló ni... ?

אני לא מבין
Kò yé mi

בעיה
ìṣòro

ערב טוב!
Ẹ káalẹ!

בוקר טוב!
Ẹ kaarọ!

לילה טוב!
Ẹ káalẹ!

להתראות
ódigbà

כיוון
itọ́ni

כבודה
ẹrù-ẹni

תיק
báàgì

תרמיל גב
àpò ẹ̀yìn

אורח
àlejò

חדר
yàrá

שק שינה
báàgì ibùsùn

אוהל
àgọ́

נסיעה - ìrìn àjò

מרכז מידע לתיירים
àlàyé arìnrin àjò

חוף ים
òkun

כרטיס אשראי
káàdì arópò owó

ארוחת בוקר
oúnjẹ àárọ̀

ארוחת צהריים
oúnjẹ ọ̀sán

ארוחת ערב
oúnjẹ alẹ́

כרטיס
tikẹti

מעלית
igbésókè

בול
èdìdì

גבול
àlà

מכס
àwọn àṣà

שגרירות
ibi iwé irìnà

אשרה
fisa

דרכון
iwé irìnà

נסיעה - ìrìn àjò

7

תחבורה
ọkọ̀

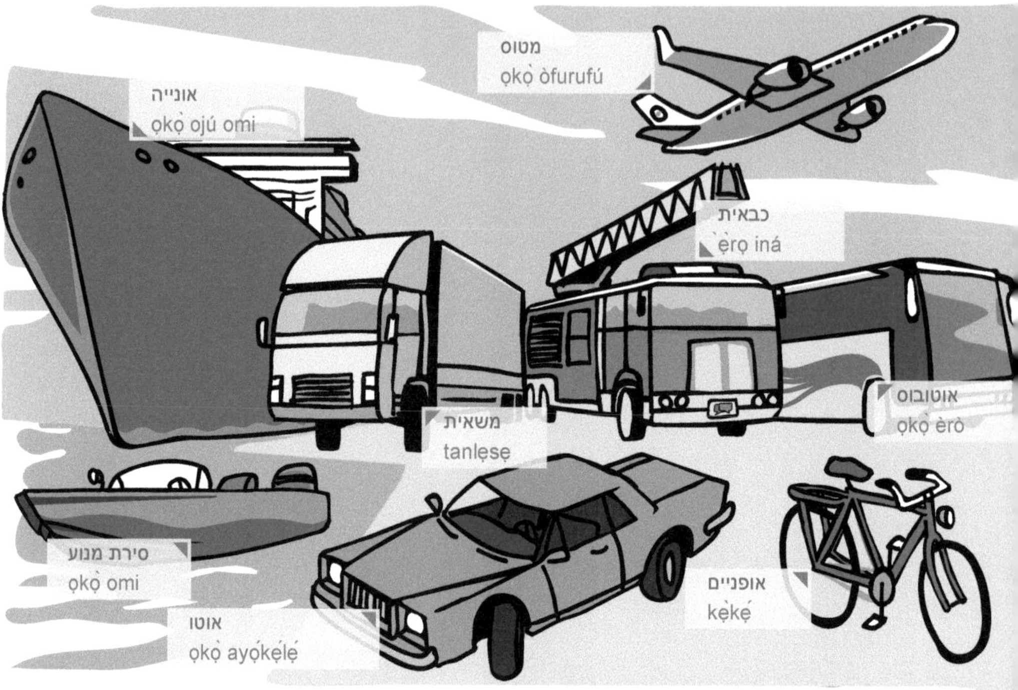

מטוס — ọkọ̀ òfurufú
אונייה — ọkọ̀ ojú omi
כבאית — ẹrọ iná
אוטובוס — ọkọ̀ èrò
משאית — tanlẹsẹ
אופניים — kẹ̀kẹ́
סירת מנוע — ọkọ̀ omi
אוטו — ọkọ̀ ayọkẹlẹ́

מעבורת
ọpán

סירה
ọpọ́n ojú omi

אופנוע
atapùpù

ניידת משטרה
ọkọ̀ ọlọ́pàá

מכונית מרוץ
ọkọ̀ ìsáré

רכב שכור
ọkọ̀ yíyá

8   ọkọ̀ - תחבורה

מכוניות בשיתוף àpínlò ọkọ̀	אוטו גרר igbọ́kọ̀	משאית זבל ọkọ̀ dída ilẹ̀ nù

מנוע manto	דלק epo	תחנת דלק ilé epo
	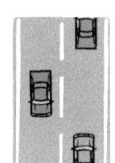	
תמרור àmì ìwakọ̀	תנועה ìwakọ̀	פקק תנועה súnkẹrẹ
	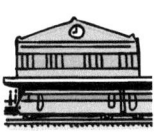	
חניה ibi ìgbọ́kọ̀sí	תחנת רכבת ibùdókọ̀ ojú irin	פסי רכבת àwọn ọpópó
	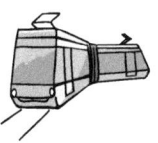	
רכבת ọkọ̀ ojú irin	רכבת קלה ọkọ̀ orí ilẹ̀	קרון erù

תחבורה - ọkọ̀

מסוק	שדה-תעופה	מגדל
ẹlikọputa	ibùdókọ̀ òfurufú	òpó

נוסע	קונטיינר	קרטון
èrò	ibi ìpamọ́	katun
		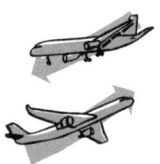
עגלה	סל	המראה / נחיתה
apẹrẹ	agbọn	gbéra / balẹ

עיר
ìlú

כפר	מרכז העיר	בית
abúlé	àárín ìlú	ilé

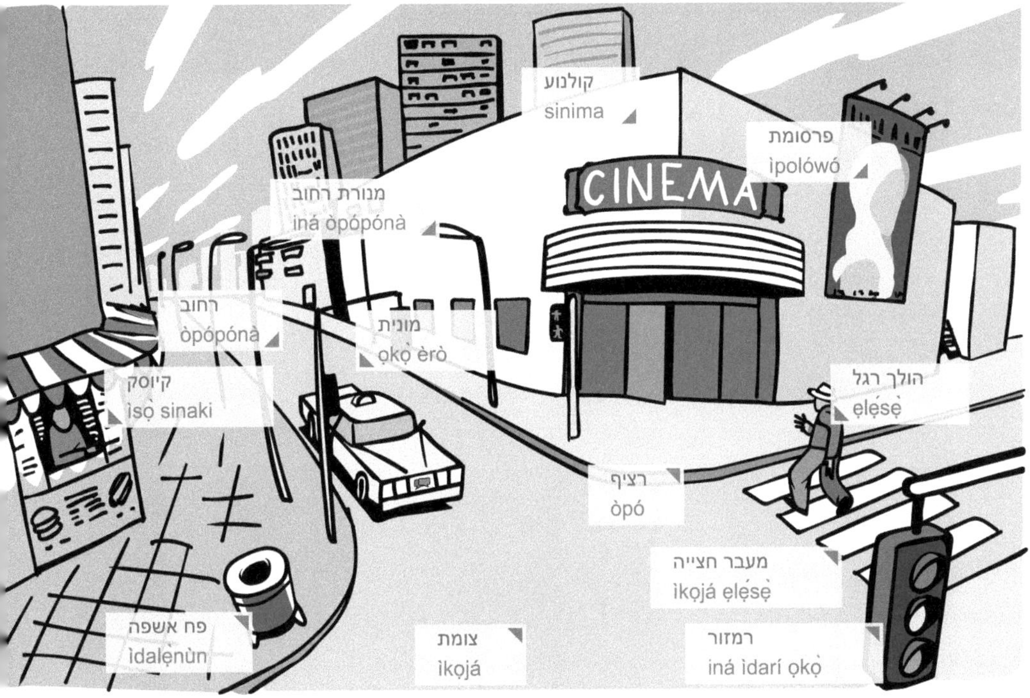

קולנוע
sinima
פרסומת
ìpolówó
CINEMA
מנורת רחוב
iná òpópónà
רחוב
òpópónà
מונית
ọkọ̀ èrò
קיוסק
ìsọ̀ sinaki
הולך רגל
ẹlẹ́sẹ̀
רציף
òpó
מעבר חצייה
ìkọjá ẹlẹ́sẹ̀
פח אשפה
ìdalẹ̀nùn
צומת
ìkọjá
רמזור
iná ìdarí ọkọ̀

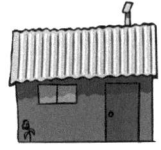

בקתה

abà

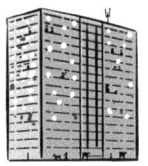

דירה

filati

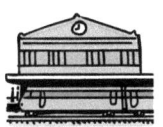

תחנת רכבת

ibùdókọ̀ ojú irin

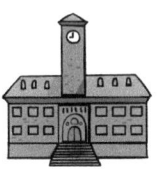

עירייה

ojúde

MUSEUM

מוזיאון

musiọmu

בית ספר

ilé-ìwé

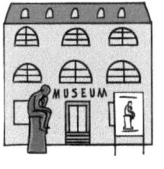

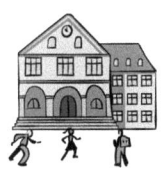

אוניברסיטה
yunifasiti

בנק
ilé ifowópamọ́

בית חולים
ilé ìwòsàn

מלון
ilé ìtura

בית מרקחת
olùta ògùn

משרד
ọfisi

חנות ספרים
ìsọ̀ ìwé

חנות
ìsọ̀

חנות פרחים
òdòdó

סופרמרקט
ibi ìtajà

שוק
ọjà

כל-בו
ibi ẹka iṣẹ́

מוכר דגים
ibi ẹja

קניון
ibi ìrajà

נמל
bèbè omi

פארק
ibi igbafẹ́

ספסל
àga

גשר
afárá

מדרגות
àgàsọ̀

רכבת תחתית
abẹ́ ilẹ̀

מנהרה
ihò ilẹ̀

תחנת אוטובוס
ibùdókọ̀

בר
ilé ọtí

מסעדה
ilé oúnjẹ

תא דואר
àpótí ifiwéránṣẹ́

שלט רחוב
àmì òpópónà

מדחן
mita igbọ́kọ̀sí

גן חיות
ibi ẹranko

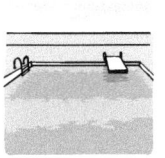

בריכת שחיה
ibi iwẹ̀

מסגד
mọ́ṣáláṣí

ìlú - עיר

חווה
oko

זיהום
ìdọ̀tí

בית עלמין
ibi isinkú

כנסייה
ilé ìjọsìn

מגרש משחקים
ibi ìṣeré

בית מקדש
tẹmpili

נוף
ẹlẹ́bùú

עלה — ewé
תמרור — ajúwe
דרך — ọ̀nà
מרעה — ilẹ̀ koríko
אבן — òkúta
עץ — igi
מטייל — olùrìn
נהר — odò
דשא — kóriko
פרח — òdòdó

בקעה
kòtò

הר
òkè

אגם
adágún omi

יער
aginjù

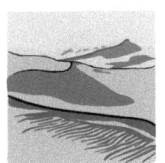

מדבר
aṣálẹ̀

הר געש
ilẹ̀ ríru

טירה
ibùgbé

קשת בענן
òṣùmàrè

פטריה
esun

דקל
ọ̀pẹ

יתוש
ẹ̀fọn

זבוב
eṣinṣin

נמלה
kòkòrò

דבורה
oyin

עכביש
alantakun

נוף - ẹlẹ́bùú

חיפושית	צפרדע	סנאי
làbonlàbon	ọ̀pọ̀lọ́	ọ̀kẹ́rẹ́ ńlá

קיפוד	ארנב	ינשוף
sẹ́sẹ́	ọ̀kẹ́rẹ́	òwiwí

ציפור	ברבור	חזיר בר
ẹyẹ	pẹ́pẹ́yẹ ńlá	ẹlẹ́dẹ́ igbó

צבי	אייל הקורא	סכר
àgbọ̀nrín	àgbọ̀nrín ńlá	adágún
	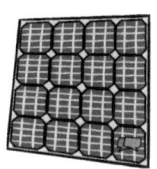	
טורבינת רוח	פנל סולארי	אקלים
ọ̀pá afẹ́fẹ́	panẹ́ẹ̀lì òrùn	ojú-ọjọ́

16   נוף - ẹlẹ́bùú

מסעדה
ilé oúnjẹ

מלצר — agbóunjẹ	תפריט — àkọsílẹ̀ oúnjẹ	כסא — àga
פיצה — pisa	מרק — obẹ	סכו"ם — ọbẹ
מפת שולחן — aṣọ tábìlì		

מנת פתיחה
ìpanu

מנה עיקרית
oúnjẹ gangan

קינוח
ìpanu lẹ́yin oúnjẹ

שתיות
ohun mímu

אוכל
oúnjẹ

בקבוק
ìgò

מסעדה - ilé oúnjẹ 17

מזון מהיר

oúnjẹ kíá

אוכל רחוב

oúnjẹ òpópónà

קנקן תה

abọ́ tii

מסכרת

abọ́ ṣúgà

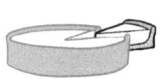

מנה

ìpín

מכונת אספרסו

ẹ̀rọ ẹsipirẹso

כסא תינוק

àga gíga

חשבון

ináwó oṣoṣù

מגש

tire

סכין

ọ̀bẹ

מזלג

fọ́ọ̀kì

כף

ṣíbí

כפית

ṣíbí tii

מפית

pépà ìnuwọ́

כוס

gilasi

מסעדה - ilé oúnjẹ

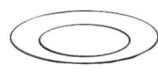		
צלחת	קערת מרק	תחתית
abọ́	abọ́ obẹ̀	pẹlẹbẹ

רוטב	מלחייה	מטחנת פלפל
ọbẹ̀	kòkò iyọ̀	ilọta
		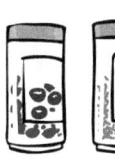
חומץ	שמן	תבלינים
fẹniga	òróró	ẹ̀ròjà

קטשופ	חרדל	מיונז
kẹsọpu	mọsitadi	mayonesi

מסעדה - ilé oúnjẹ

סופרמרקט
ibi ìtajà

מבצע / ẹ̀dínwó
לקוח / oníbàárà
מוצרי חלב / wàrà
עגלת קניות / ọmọlanke
פירות / èso

אטליז
alápatà

מאפייה
beka

שקל
wọ́n

ירקות
ewébẹ̀

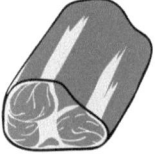

בשר
ẹran

מזון קפוא
oúnjẹ dídì

20 סופרמרקט - ibi ìtajà

בשר קר
ẹran tútù

שימורים
oúnjẹ agolo

אבקת כביסה
ọṣẹ ifọṣọ

ממתקים
àdídùn

מוצרי בית
àgbéjáde ẹbí

חומר ניקוי
ohun itọ́jú

מוכרת
olùtajà

קופה
tili

קופאי
akawó

רשימת קניות
àkójọ ìrajà

שעות פתיחה
wákàtí ibẹ̀rẹ̀

ארנק
ipamọ́

כרטיס אשראי
káàdì arópò owó

תיק
báàgì

שקית נילון
báàgì ọrá

סופרמרקט - ibi ìtajà   21

שתיות
ohun mímu

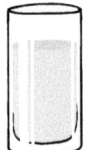

מים
omi

מיץ
omi èso

חלב
wàrá

קולה
koki

יין
waini

בירה
bia

אלכוהול
ọtí líle

קקאו
kòkó

תה
tii

קפה
kọfí

אספרסו
ẹsipirẹso

קפוצ'ינו
kapusino

אוכל
oúnjẹ

בננה
ògèdè

תפוח
apu

תפוז
ọsàn

אבטיח
ẹ̀gúsí

לימון
òronbò

גזר
karọti

שום
galiki

במבוק
ọparun

בצל
àlùbọsà

פטריות
esun

אגוזים
ẹ̀pà

אטריות
nodu

ספגטי
sipaẹti

אורז
irẹsì

סלט
saladi

צ'יפס
ipanu

צ'יפס
ànàmọ́ díndín

פיצה
pisa

המבורגר
bọ́gà

כריך
sanwiṣi

שניצל
ẹran sísun

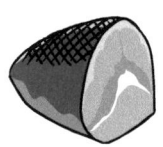
שינקין
ẹsẹ̀ ẹlẹ́dẹ̀

סלאמי
salami

נקניקיה
sọseji

עוף
ẹran ẹdiyẹ

טיגון
sun

דג
ẹja

שיבולת שועל
oti pọreji

מוזלי
musẹli

קורנפלקס
confulakisi

קמח
iyẹ̀fun

קרואסון
kirosanti

לחמנייה
rolu búrẹdi

לחם
burẹdi

טוסט
dín

עוגיות
bisikiti

חמאה
bọ́tà

גבינה לבנה
kọdu

עוגה
keki

ביצה
ẹyin

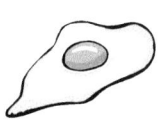
ביצת עין
ẹyin dindín

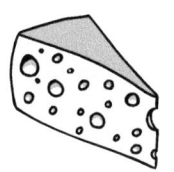
גבינה
ṣiṣi

oúnjẹ - אוכל

גלידה

aisi kirimu

סוכר

ṣúgà

דבש

oyin

ריבה

jamu

ממרח נוגט

àfira ṣokoleti

קארי

kọri

אוכל - oúnjẹ

חווה
oko

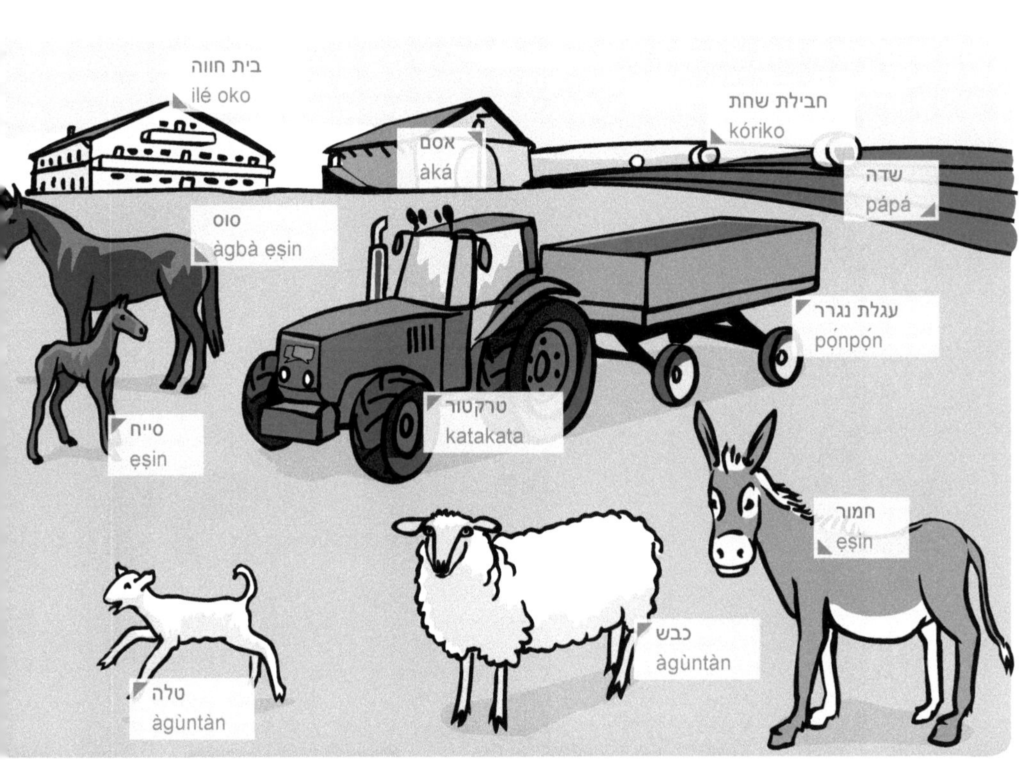

בית חווה — ilé oko
אסם — àká
חבילת שחת — kóriko
שדה — pápá
סוס — àgbà ẹṣin
עגלת נגרר — pónpón
סייח — ẹṣin
טרקטור — katakata
חמור — ẹṣin
טלה — àgùntàn
כבש — àgùntàn

עז
ewúrẹ́

פרה
máàlù

עגל
ọdọ́ àgùntàn

חזיר
ẹlẹ́dẹ̀

חזרזיר
ọmọ ẹlẹ́dẹ̀

שור
àgbò

אווז
ọmọ pẹ́pẹ́yẹ

ברווז
pẹ́pẹ́yẹ

אפרוח
ọmọ adìyẹ

תרנגולת
adìyẹ

תרנגול
àkùkọ

חולדה
èkúté

חתול
olóngbò

עכבר
eku

שור
kẹtẹkẹtẹ́

כלב
ajá

מלונה
ilé ajá

צינור השקיה
ọ̀pá ọgbà

קנקן מים
abọ́ omi

חרמש
scythe

מחרשה
ọkọ̀ irúgbìn

מגל
abẹ oko

מגרפה
ọkọ́

קלשון
irinṣẹ́ kóriko

גרזן
àáké

מריצה
wilibaro

שוקת
àgbá

כד חלב
abọ́ wàrà

שק
àpò

גדר
ògiri

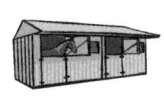

אורווה
pẹpẹ oko

חממה
ibi ìdáko

אדמה
ilẹ̀

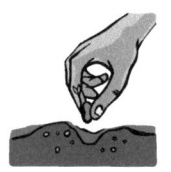

זרע
irúgbìn

דשן
ajílẹ̀

מקצרה
àkópọ̀ olùkórè

קצר

ikórè

קציר

ikórè

בטטה אפריקנית

iṣu

חיטה

bàbà

סויה

soya

תפוח אדמה

ànàmọ́

תירס

àgbàdo

קנולה

irúgbìn rapu

עץ פירות

igi èso

קסבה

ẹgẹ́

דגנים

jéró

בית
ilé

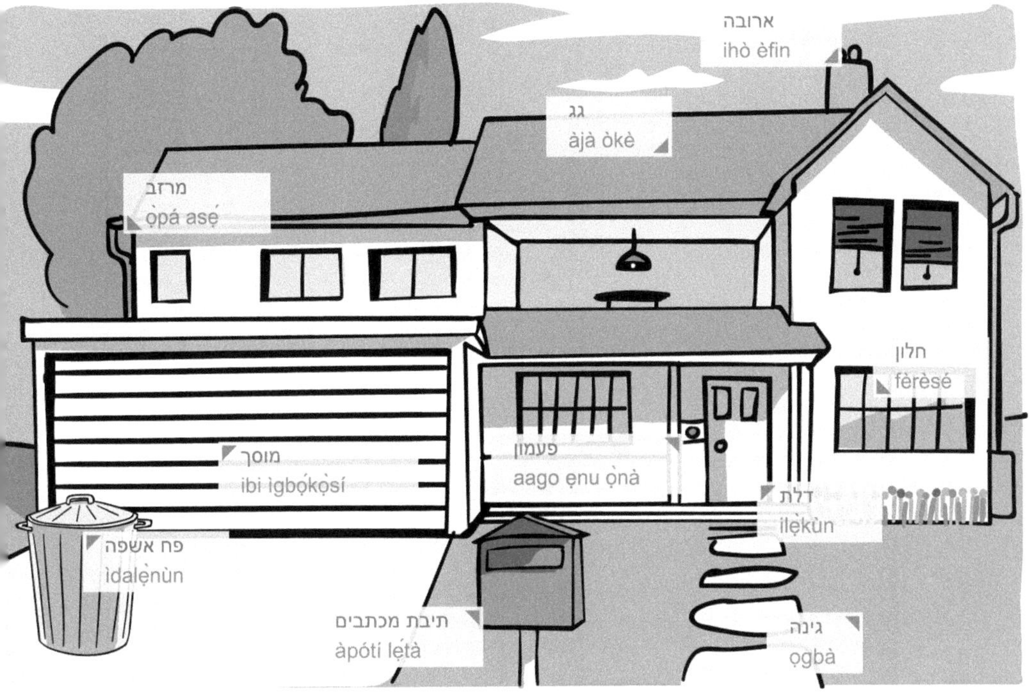

ארובה
ihò èfin

גג
àjà òkè

מרזב
ọ̀pá asẹ́

חלון
fèrèsé

מוסך
ibi ìgbọ́kọ̀sí

פעמון
aago ẹnu ọ̀nà

דלת
ilẹkùn

פח אשפה
ìdàlẹ̀nùn

תיבת מכתבים
àpótí létà

גינה
ọgbà

סלון
yàrá ìgbé

חדר אמבטיה
ilé ìwẹ̀

מטבח
ilé ìdáná

חדר שינה
yàrá ìbùsùn

חדר ילדים
yàrá ọmọdé

חדר אוכל
yàrá ìjẹun

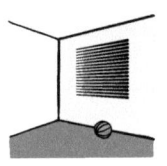

רצפה
ilẹ̀

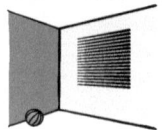

קיר
ògiri ilé

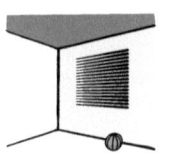

תקרה
àjà

מרתף
sẹla

סאונה
sauna

מרפסת
ọdẹdẹ

מרפסת
ọnà

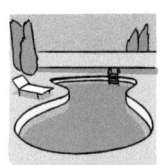

בריכה
ibi iwẹ̀

מכסחת דשא
ẹrọ ìgéko

סדין
ojú-ewé

כיסוי מיטה
aṣọ orí ibùsùn

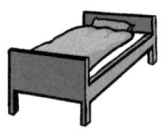

מיטה
ibùsùn

מטאטא
ọwọ̀

דלי
garawa

מפסק
yípo

ilé - בית

סלון
yàrá ìgbé

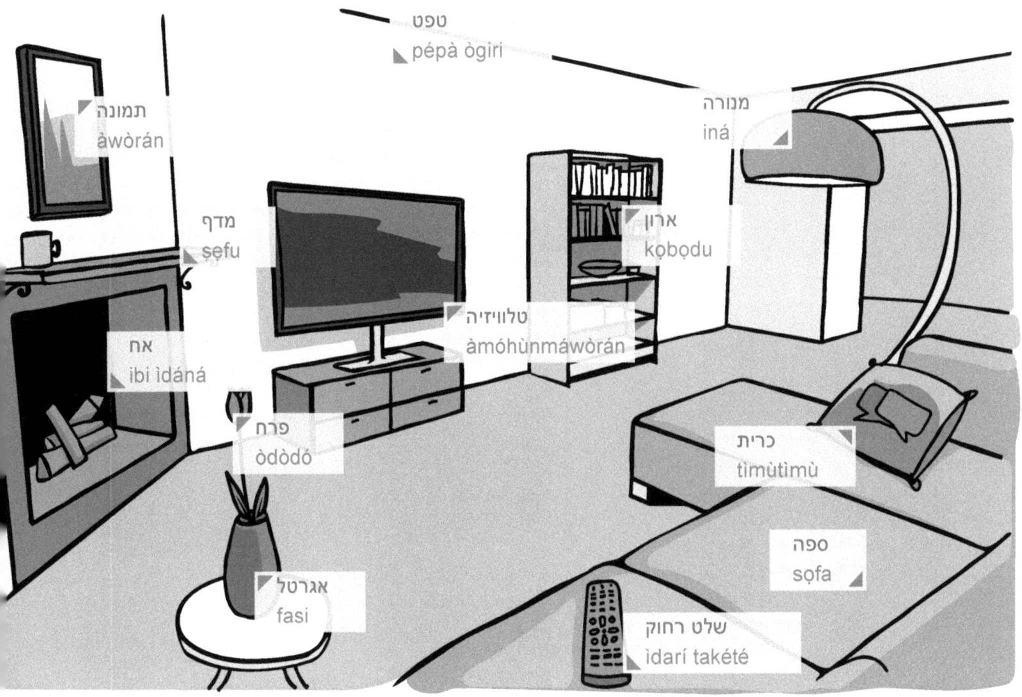

- טפט — pépà ògiri
- תמונה — àwòrán
- מנורה — iná
- מדף — ṣẹ́fu
- ארון — kọbọ́du
- אח — ibi ìdáná
- טלוויזיה — àmóhùnmáwòrán
- פרח — òdòdó
- כרית — tìmùtìmù
- ספה — sọ́fa
- אגרטל — fasi
- שלט רחוק — idarí takété

שטיח
kapẹ́ti

וילון
kọ́tini

שולחן
tábìlì

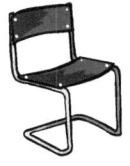

כסא
àga

כיסא נדנדה
àga amìtìtì

כורסה
àga ọlọ́wọ́

ספר iwé	שמיכה aṣọ ìbora	דקורציה ọ̀ṣọ́

עצי הסקה igi ìdáná	סרט fíimù	מערכת סטריאו irinṣẹ́ hi-fi

מפתח kọ́kọ́rọ́	עיתון ìwé ìròyìn	ציור kíkunlé

פוסטר àlẹ̀mọ́	רדיו redio	מחברת ìkọ̀wé

שואב אבק ufa	קקטוס kakitọsi	נר àbẹ́là

סלון - yàrá igbé

מטבח
ilé ìdáná

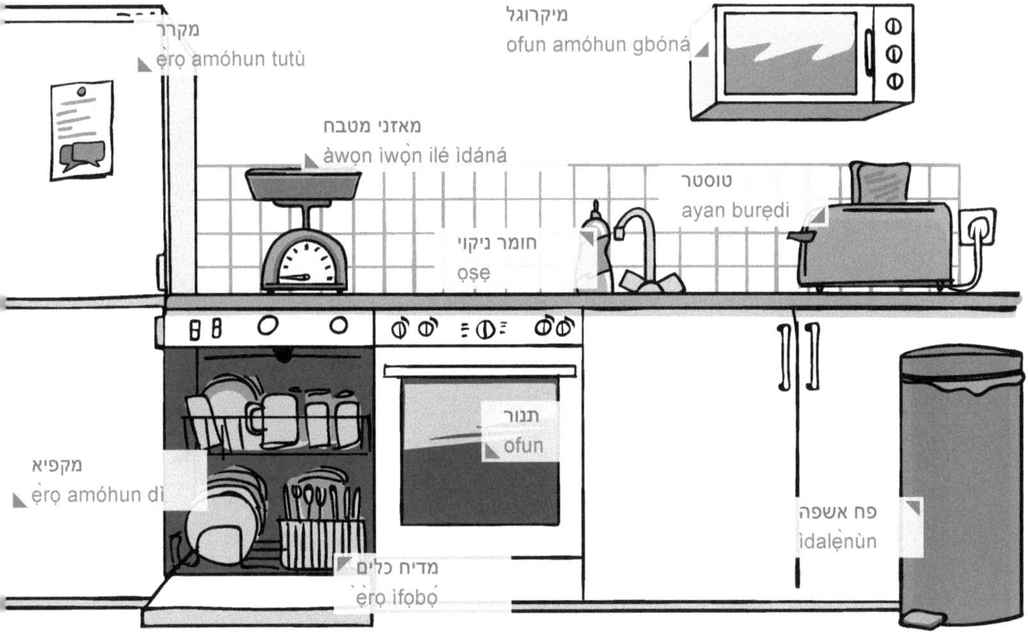

מקרר
ẹrọ amóhun tutù

מיקרוגל
ofun amóhun gbóná

מאזני מטבח
àwọn ìwọn ilé ìdáná

טוסטר
ayan burẹdi

חומר ניקוי
ọṣẹ

מקפיא
ẹrọ amóhun dì

תנור
ofun

מדיח כלים
ẹrọ ifọbọ́

פח אשפה
ìdalẹ̀nùn

תנור	סיר	סיר ברזל
idáná	ìṣasun	ìṣasun irin

ווק	מחבת	קומקום חשמלי
wok / kadai	panu	kẹturu

	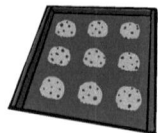	
מאדה amoru	מגש אפייה pẹpẹ ìdáná	כלי אוכל dídáná

ספל ife gilasi	קערה àdému	צ'ופסטיקס igi ijẹun

מצקת ladu	מרית ṣíbí kòtò	מטרפה wisiki

מסננת בישול sitirena	מסננת asẹ́	מגרדת gireta

מכתש odó	גריל àsun	מדורה ibi ìdáná

קרש חיתוך
pẹpẹ gígẹ́

מערוך
igi ilọ̀

פותחן פקקים
kọkisukuru

פחית
agolo

פותחן קופסאות
olùṣí agolo

מטלית
àdìmú iṣasun

כיור
kòtò

מברשת
burọṣi

ספוג
kaninkanin

בלנדר
ẹrọ ilota

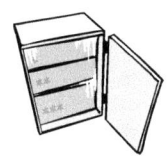
מקפיא
ẹrọ amóhun dì oníkòtò

בקבוק לתינוק
ohun ìjẹun ọmọdé

ברז
ẹnu ẹrọ omi

מטבח - ilé ìdáná   37

חדר אמבטיה
ilé ìwẹ̀

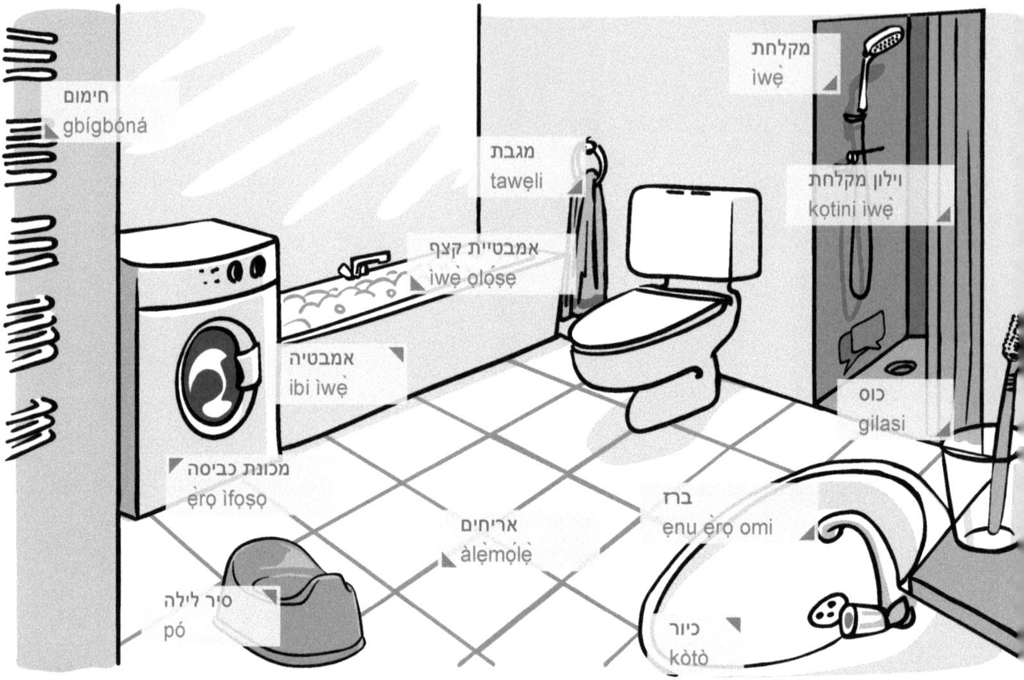

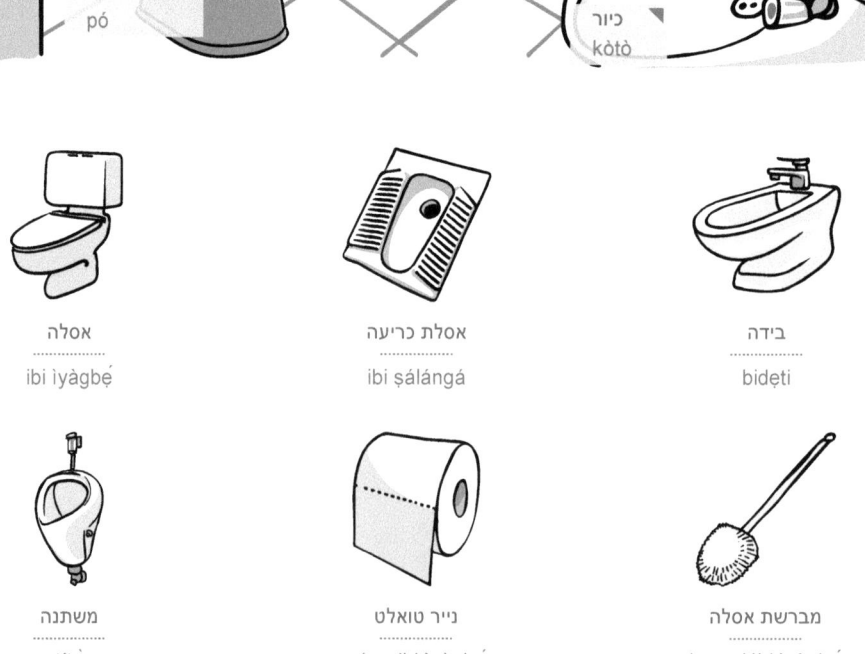

אסלה	אסלת כריעה	בידה
ibi iyàgbẹ́	ibi ṣálángá	bidẹti
משתנה	נייר טואלט	מברשת אסלה
títọ̀	pépa ibi iyàgbẹ́	buroṣi ibi iyàgbẹ́

מברשת שיניים

igi ifọnu

משחת שיניים

ọṣẹ ifọnu

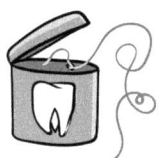

חוט דנטלי

filọsi eyin

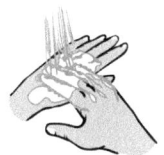

שטף

fọṣọ

מקלחת יד

ìwẹ̀ ọlọ́wọ́

צינור שטיפה לשירותים

doṣi

קערת רחצה

basin

מברשת גב

burọṣi ẹ̀yin

סבון

ọṣẹ

ג'ל רחצה

gẹli iwẹ̀

שמפו

ọṣẹ irun

ליפה

filanẹni

ניקוז

sẹ́

קרם

ipara

דיאודורנט

olóòrùn dídún

ilé ìwẹ̀ - חדר אמבטיה

מראה
dingi

מראת יד
díngi ọwọ́

סכין גילוח
abẹ

קצף גילוח
fomu ifárungbọ̀n

אפטרשייב
léyin ifarungbọ̀n

מסרק
iyarun

מברשת
burọ̀ṣì

מייבש שיעור
agbẹrun

ספריי לשיער
ìparun

איפור
ìmúra

שפתון
itọ̀tè

לק
fanìṣi èkaná

צמר גפן
òwú

מספריים לציפורניים
sisọsi èkaná

בושם
pafumu

חדר אמבטיה - ilé ìwẹ̀

תיק כלי רחצה

báàgi iwẹ̀

שרפרף

àga

משקל

iwọ̀n

חלוק רחצה

okùn iwẹ̀

כפפות גומי

ibọ̀wọ́ rọ́bà

טמפון

tampun

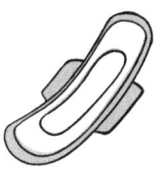

תחבושת סניטרית

ìnuwọ́

שירותים כימיקליים

ṣálángá kẹmika

ilé ìwẹ̀ - חדר אמבטיה

חדר ילדים
yàrá ọmọdé

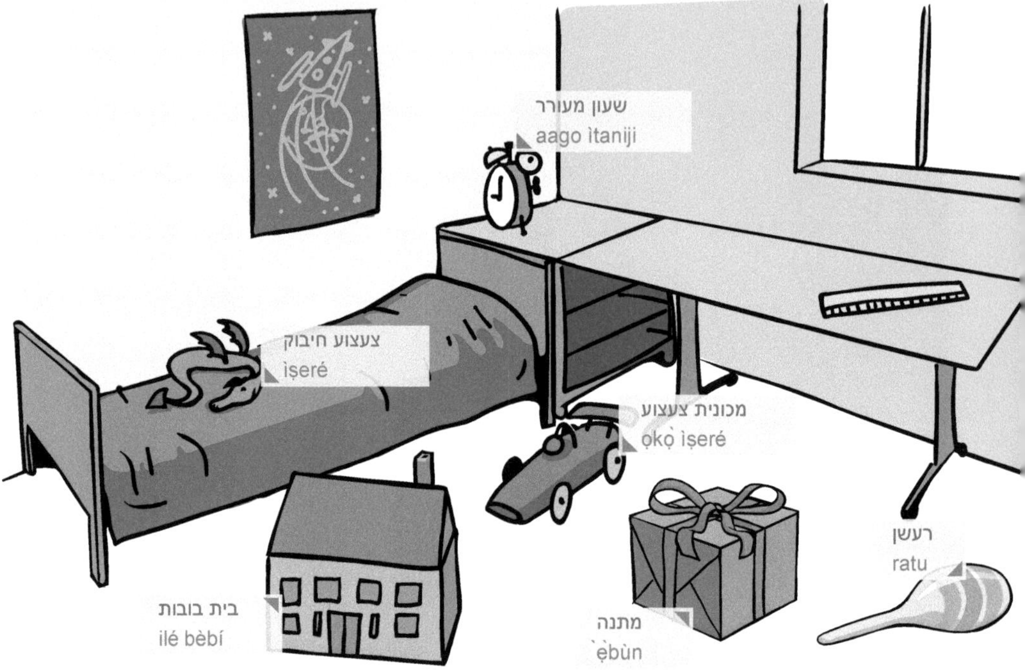

שעון מעורר
aago ìtaniji

צעצוע חיבוק
ìṣeré

מכונית צעצוע
ọkọ̀ ìṣeré

רעשן
ratu

בית בובות
ilé bèbí

מתנה
ẹ̀bùn

בלון
fèrè

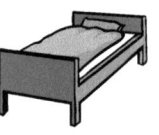

מיטה
ibùsùn

עגלה
ìgbọ́mọ

משחק קלפים
àpapọ̀ káàdi

פאזל
ayùn

קומיקס
àwàdà

לגו
àwọn biriki

קוביות משחק
ohun iṣeré

דמות משחק
figọ iṣe

סרבל תינוקות
idágbàsókè

פריזבי
firisibi

נייד
alágbèéká

משחק לוח
eré pepẹ

קוביה
daisi

רכבת צעצוע
àkópọ̀ ikọni àwòṣe

מוצץ
dọmi

מסיבה
ayeye

אלבום תמונות
iwé àwòrán

כדור
bọ́ọ̀lù

בובה
bèbí

שיחק
ṣeré

חדר ילדים - yàrá ọmọdé

ארגז חול
kòtò yẹ̀pẹ̀

נדנדה
jangilofa

צעצועים
àwọn ìṣeré

קונסולת משחקים
kọ́nsolu ìṣeré fídíò

אופניים תלת גלגלי
ẹlẹ́sẹ̀ mẹ́ta

דובון
bẹ̀bí ọmọdé

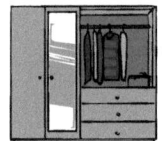

ארון בגדים
ibi ìkaṣọsí

בגדים
aṣọ

גרביים
sọkisi

גרביונים
sitọkin

גרביון
ṣòkòtò

aṣọ - בגדים

 ג'ינס kakí	 מכנסיים ṣòkòtò	 גוף ara
 חולצה ṣẹti	 חולצה מכופתרת bulausi	 חצאית sikẹti
 בלייזר aṣọ òkè	 סווצ'ר עם קפוצ'ון ìbòrí	 אפודה dúró
 מעיל גשם aṣọ òjò	 מעיל kotu	 ז'קט aṣọ otútù
 שמלת כלה aṣọ igbéyàwó	 שמלה wọṣọ	 תלבושת ìmúra

aṣọ - בגדים

חליפה sutu	כותונת לילה aṣọ àwọ̀sùn	פיג'מה pijama
		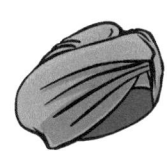
סארי sari	מטפחת ראש gèlè	טורבן tọbanu

בורקה bọka	קאפטן kafitani	עבאיה abaya

בגד ים aṣọ iwẹdò	בגד ים aṣọ àwọsókè	מכנסיים קצרים penpe

בגד אימון kotu	סינר aṣọ ìdáná	כפפות ibọ̀wọ́

aṣọ - בגדים

כפתור
botinnì

משקפיים
awò

צמיד יד
ẹgbà ọwọ́

שרשרת
ẹgbà ọrùn

טבעת
òrùka

עגיל
gbígbọ́

כובע
filà

קולב
ikọ́ kotu

כובע
àkẹtẹ̀

עניבה
tai

רוכסן
sipu

קסדה
koto

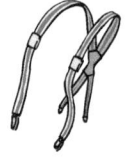

כתפיות
biresi

תלבושת בית ספר
aṣọ ilé-ìwé

מדים
yunifọmu

בגדים - aṣọ

מפית אוכל
bibu

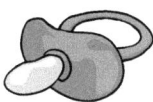
מוצץ
dọmi

חיתול
ilédìí

משרd
ọfisi

שרת
olùpín

תיקייה
ibi àkópamọ́ faili

מדפסת
ẹrọ ìtẹwé

נייר
pépà

מסך
aṣàfihàn

שולחן עבודה
dẹsiki

עכבר
atọka

תיק
fódà

מקלדת
àtẹ bọtìnni

סל נייר
agbọ̀n ìdalẹ̀nù

כסא
àga

מחשב
kọmpútà

ספל קפה
ife kọfí

מחשבון
ẹrọ iṣirò

אינטרנט
ayélujára

משרד - ọfisi

מחשב נייד
kọmpútà àgbélétan

מכתב
lẹ́tà

הודעה
ifiránṣẹ́

נייד
alágbèéká

רשת
nẹ́tíwọ̀kì

מכונת צילום
ẹ̀rọ ẹ̀dà

תוכנה
sọftwia

טלפון
ẹ̀rọ ìbánisọ̀rọ̀

שקע
ihò iná

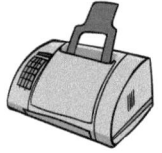

פקס
ẹ̀rọ fakisi

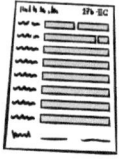

טופס
fọ́ọ̀mù

מסמך
ìwé àkọsílẹ̀

משרד - ọfisi

כלכלה
ọrọ̀ ajé

קנה
rà

שילם
sanwó

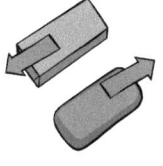
סחר
ṣòwò

כסף
owó

דולר
dọla

יורו
yuro

ין
yẹni

רובל
rọbu

פרנק שווייצרי
Siwisi frans

יואן רנמינבי
renminbi yuan

רופי
rupi

כספומט
ibi owó

המרת מטבע

ibi ipàrọ̀ owó

זהב

wúrà

כסף

fàdákà

נפט

epo

אנרגיה

agbára

מחיר

iye

חוזה

àdéhùn

מס

owó orí

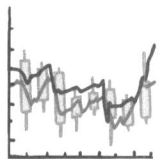

מנייה

ìpín ọjà

עבד

ṣiṣẹ́

עובד

òṣìṣẹ́

מעסיק

agbani síṣẹ́

מפעל

ilé iṣẹ́

חנות

ìsọ̀

כלכלה - ọrọ̀ ajé

מקצועות
àwọn iṣẹ́ ààyò

שוטר — ọgá ọlọ́pàá

כבאי — panápaná

טבח — adáná

רופא — dókítà

טייס — awakọ̀ òfurufú

גנן
ológbà

נגר
gbẹ́nàgbẹ́nà

תופרת
aránṣọ

שופט
adájọ́

כימאי
olóògùn

שחקן
òṣèré

נהג אוטובוס

awakọ̀ èrò

נהג מונית

awakọ̀ èrò

דייג

apeja

עובדת נקיון

omidan agbálẹ̀

מתקן גגות

kanlékanlé

מלצר

agbóunjẹ

צייד

ọdẹ

צייר

akunlé

אופה

olùṣe ìyẹ̀fun

חשמלאי

aṣàtúnṣe iná

עובד בניין

akọ́lé

מהנדס

amojú èrọ

קצב

alápatà

אינסטלטור

pulọmba

דוור

afiwé ránṣẹ́

àwọn iṣẹ́ ààyò - מקצועות

חייל	אדריכל	קופאי
jagunjagun	ayàwòrán ilé	akawó

מוכר פרחים	ספר	כרטיסן
olódòdó	aṣerun lóge	adarí èrò

מכונאי	קברניט	רופא שיניים
aṣàtúnṣe ọkọ̀	adarí	olùtọ́jú eyin

מדען	רב	אימאם
onímọ̀ ijinlẹ̀	olùkọ́ni	imamu

נזיר	כומר	
mọnki	òjíṣẹ́ Ọlọ́run	

כלי עבודה
àwọn irinṣẹ́

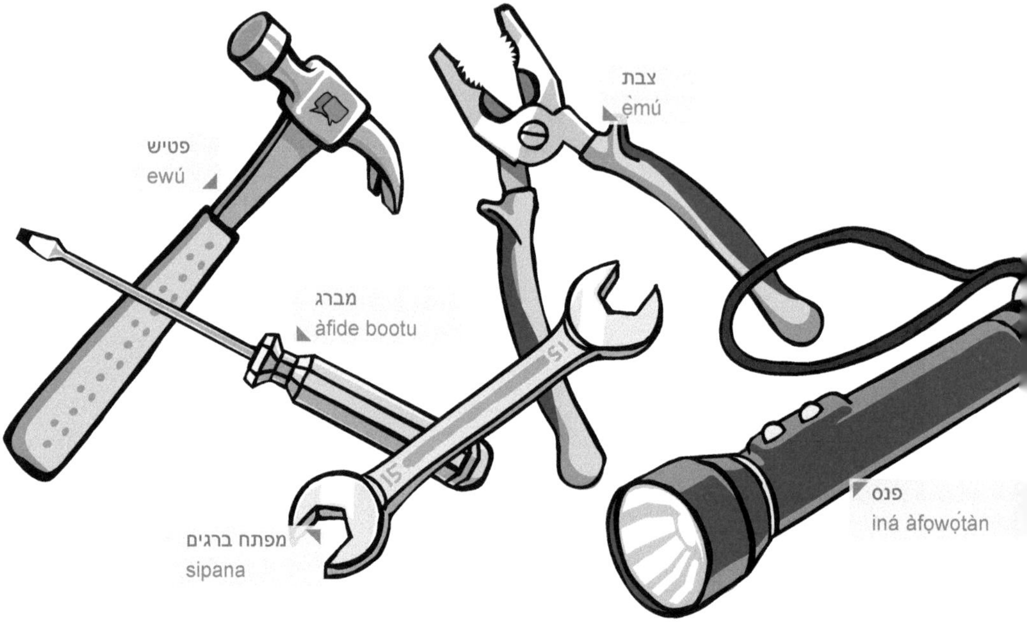

פטיש
ewú

צבת
ẹ̀mú

מברג
àfide bootu

מפתח ברגים
sipana

פנס
iná àfọwọ́tàn

דחפור

jiga

ארגז כלים

àpótí irinṣẹ́

סולם

àgàsọ̀

מסור

ayùn

מסמרים

èṣó

מקדחה

ilu

תיקון
túnṣe

את חפירה
sọbìrì

לעזאזל!
Adágún!

יעה
igbá ìdọ̀tí

פח צבע
kòkò ọdà

ברגים
bootu

כלי נגינה
àwọn irinṣẹ́ orin

רמקול
gbohùngbohùn

מערכת תופים
àkópọ̀ ilù

גיטרה
jita

קונטראבס
baasi oníméjì

חצוצרה
fèrè

פסנתר	כינור	בס
dùrù	faolin	baasi

תוף הדוד	תופים	מקלדת פסנתר
timpani	àwọn ìlù	kiibọdu

סקסופון	חליל	מיקרופון
sasofonu	fèrè ìpè	èrọ gbohùngbohùn

כלי נגינה - àwọn irinṣẹ́ orin

גן חיות
ibi ẹranko

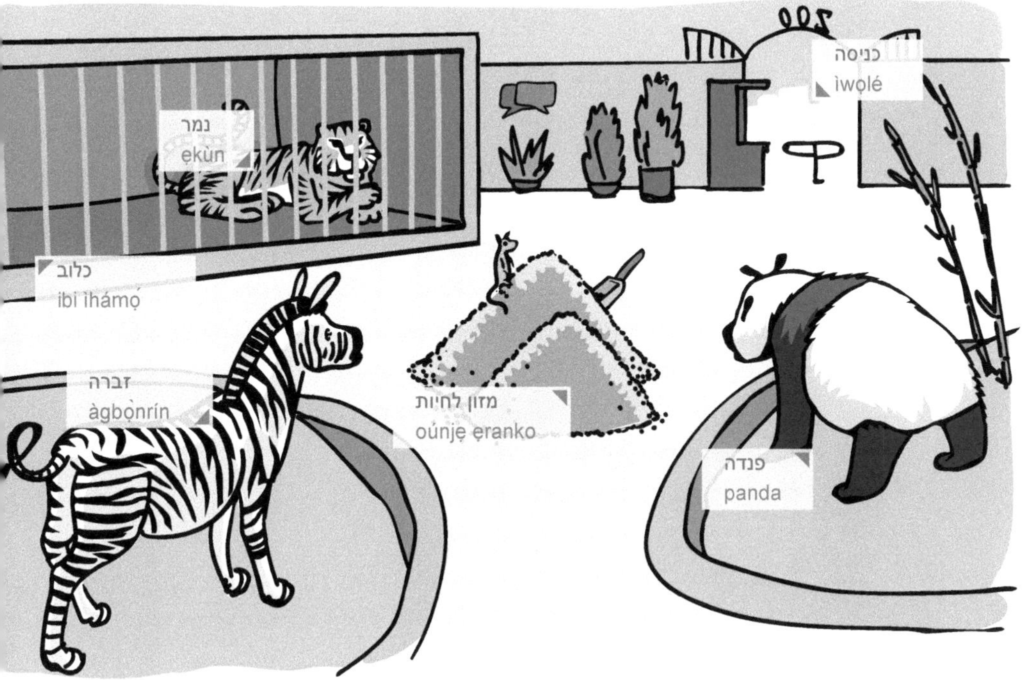

- נמר / ekùn
- כניסה / iwọlé
- כלוב / ibi ìhámọ́
- זברה / àgbọ̀nrín
- מזון לחיות / oúnjẹ ẹranko
- פנדה / panda

בעלי חיים
àwọn ẹranko

פיל
erin

קנגרו
kangaruu

קרנף
raino

גורילה
ọ̀bọ lagido

דוב
biari

גמל

kẹtẹkẹtẹ

יען

ẹyẹ agùnlọ́rùn

אריה

kìnìún

קוף

ọ̀bọ

פלמינגו

yojayoja

תוכי

ayékòótọ́

דוב הקרח

biari omi

פינגווין

pinguin

כריש

ṣaki

טווס

ọ̀kín

נחש

ejò

תנין

ọ̀ni

שומר גן החיות

olùtọ́jú ibi ẹranko

כלב ים

sili

יגואר

jagua

סוס פוני

poni

לאופרד

ekùn

היפופוטאם

ẹran omi

ג'ירפה

jirafi

נשר

àṣá

חזיר בר

ẹlẹ́dẹ́ igbó

דג

eja

צב

ijàpá

סוס ים

wọrọsi

שועל

kọ̀lọ̀kọ̀lọ̀

איילה

gasẹli

ספורט
àwọn eré ìdáraya

פעילויות
àwọn iṣẹ́

יש / להיות הבעלים

ní

עשה

ṣe

היה

jẹ́

עמד

dúró

רץ

sáré

משך

fà

זרק

jù

נפל

ṣubú

שכב

parọ́

חיכה

dúró

סחב

gbé

ישב

jókòó

התלבש

múra

ישן

sùn

התעורר

jí

àwọn iṣẹ́ - פעילויות

 הסתכל ב- wo	 בכה kigbe	 ליטף ọpá
 סירק ilarun	 דיבר sọ̀rọ̀	 הבין lóye
 שאל bèrè	 שמע tẹ́tí	 שתה omi
 אכל jẹun	 סידר palẹ̀mọ́	 אהב ifẹ́
 בישל dáná	 נהג wakọ̀	 עף fò

פעיליויות - àwọn iṣẹ́

שט
igbín

חישב
șírò

קרא
kàwé

למד
kọ́

עבד
șișẹ́

התחתן
gbéyàwó

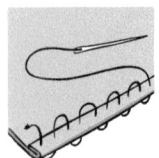

תפר
ránṣọ

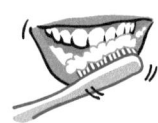

ציחצח שיניים
fọ eyín

הרג
pa

עישן
mu sìgá

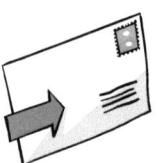

שלח
firánṣẹ́

פעילויות - àwọn iṣẹ́

משפחה
ẹbí

סבתא — ìyá ńlá
סבא — bàbá ńlá
אבא — bàbá
אימא — iyá
תינוק — ọmọdé
בת — ọmọbinrin
בן — ọmọkùnrin

אורח
àlejò

דודה
àbúrò iyá

דוד
àbúrò bàbá

אח
arákùnrin

אחות
arábinrin

גוף
ara

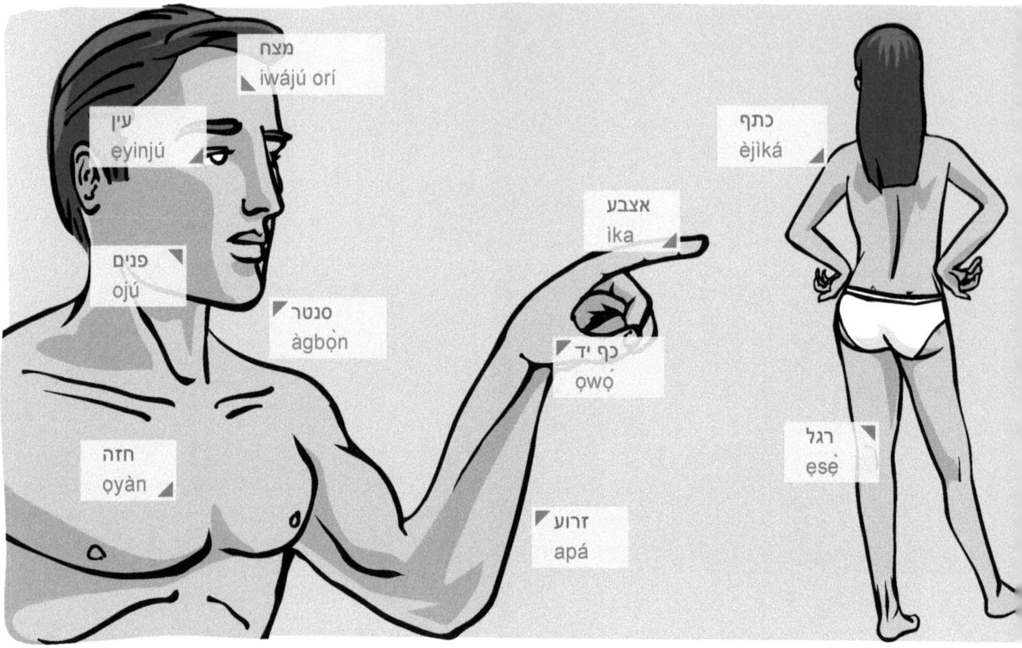

מצח / iwájú orí
עין / ẹyinjú
פנים / ojú
סנטר / àgbọ̀n
חזה / ọyàn
אצבע / ika
כף יד / ọwọ́
זרוע / apá
כתף / èjìká
רגל / ẹsẹ̀

תינוק
ọmọdé

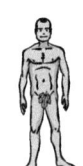

איש
ọkùnrin àgbà

אישה
obìnrin àgbà

ילדה
obìnrin

ילד
ọkùnrin

ראש
orí

	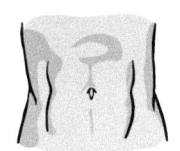	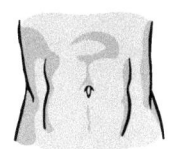
גב ẹ̀yin	בטן inú	טבור idodo
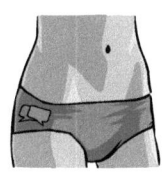	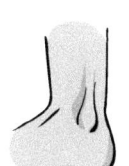	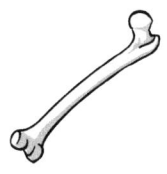
אצבע ika ẹsẹ̀	עקב ẹ̀yin ẹsẹ̀	עצם egungun
	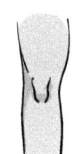	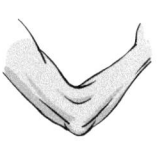
ירך ìbàdí	ברך orúnkún	מרפק ìgúpá
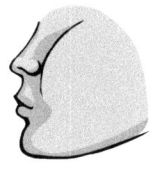		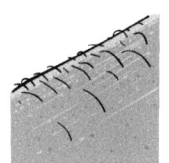
אף imú	עכוז ìdí	עור awọ
	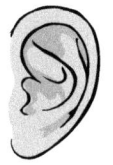	
לחי ẹ̀rẹ̀kẹ́	אוזן etí	שפתיים ètè

גוף - ara

פה
ẹnu

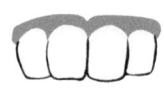

שן
eyín

לשון
ahọ́n

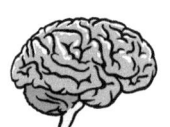

מוח
ọpọlọ

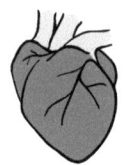

לב
ọkàn

שריר
iṣan

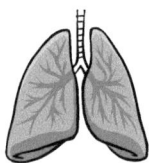

ריאה
ìfun

כבד
ẹ̀dọ̀

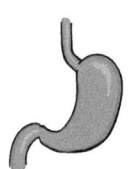

קיבה
ikùn

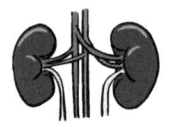

כליות
kíndìrín

מין
ìbálòpọ̀

קונדום
rọ́bà àbò

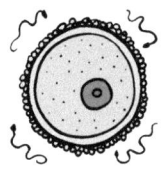

ביצית
ofumu

זרע
àtọ̀

הריון
oyún

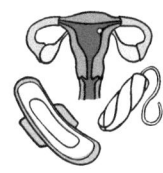

ווסת
ǹkan oṣù

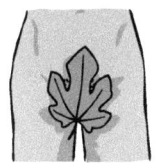

נרתיק
òbò

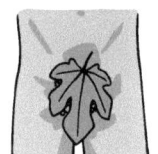

פין
okó

גבה
ìpénpéjú

שיער
irun

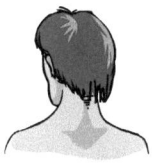

צוואר
ọrùn

בית חולים
ilé ìwòsàn

בית חולים
ilé ìwòsàn

אמבולנס
ọkọ̀ aláìsàn

כיסא גלגלים
kẹkẹ́ arọ

שבר
egun kíkán

רופא
dókítà

חדר מיון
yàrá pàjáwiri

אחות
nọ́ọ̀sì

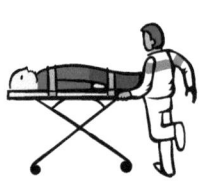

חירום
pàjáwiri

חסר הכרה
dákú

כאב
ìrora

פציעה
egbò

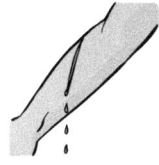

דימום
ẹ̀jẹ̀ dídà

התקף לב
àìsàn ọkàn

שבץ
rọpárọsẹ̀

אלרגיה
àlébù ògùn

שיעול
ikọ́

חום
ibà

שפעת
ọ̀finkin

שלשול
ìgbẹ́ gburu

כאב ראש
ẹ̀fọrí

סרטן
jẹjẹrẹ

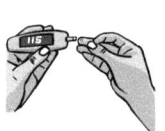

סוכרת
ìtọ̀ ṣúgà

מנתח
alábẹ

אזמל
abẹfẹ́lẹ́

ניתוח
iṣẹ́ abẹ

ilé ìwòsàn - בית חולים

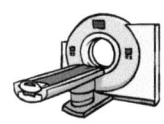

סי-טי

CT

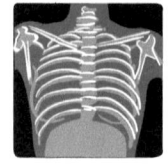

רנטגן

x-ray

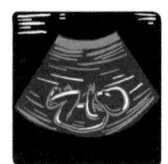

אולטראסאונד

otirasandi

מסיכת פנים

aṣọ ìbòjú

מחלה

àrùn

חדר המתנה

yàrá ìdúró

קבה

ọ̀pá

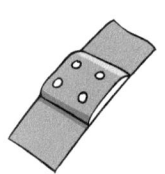

פלסטר

àlẹ̀mọ́

תחבושת

aṣọ àfiwé

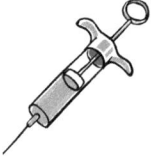

זריקה

abẹ́rẹ́

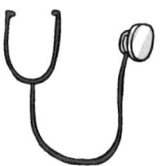

סטטוסקופ

àyẹ̀wò èémì

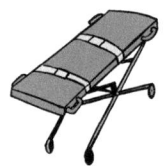

אלונקה

àtẹ aláìsàn

מד חום

ẹ̀rọ iwọ̀n oru ilé ìwòsàn

לידה

ibí

עודף משקל

isanrajù

בית חולים - ilé ìwòsàn

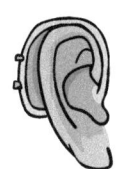

מכשיר שמיעה

ẹ̀rọ àfigbọ́rọ̀

מחטא

apa kòkòrò

זיהום

àkóràn

נגיף

kòkòrò

איידס

Àrùn HIV / AIDS

תרופה

ògùn

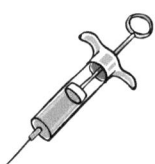

חיסון

àjẹsára

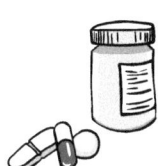

טבליות

tabulẹti

גלולה

ògùn

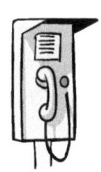

קריאת חירום

ipè pàjáwìrì

מד לחץ דם

atọpinpin ẹ̀jẹ̀ ríru

חולה / בריא

àìsàn / lera

בית חולים - ilé ìwòsàn

75

חירום
pàjáwìrì

אזעקה
ìtaníjí

פשיטה
ìlùnì

הצילו!
Ìrànlọ́wọ́!

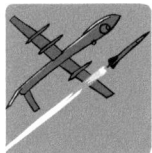
תקיפה
ìdójukọ

סכנה
ewu

יציאת חירום
ìjáde pàjáwìrì

אש!
Iná!

מטף כיבוי
panápaná

תאונה
ìjàmbá

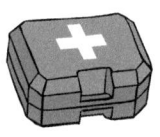
ערכת עזרה ראשונה
àpótí ìtọ́jú àláìsàn

הצילו!
SOS

משטרה
ọlọ́pàá

כדור הארץ
Ayé

אירופה

Yuropu

צפון אמריקה

North Amerika

דרום אמריקה

South Amerika

אפריקה

Afirika

אסיה

Esia

אוסטרליה

Ọsirelia

האוקיינוס האטלנטי

Atlantic

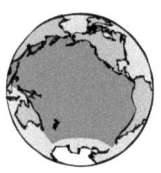

האוקיינוס השקט

Pacific

האוקיינוס ההודי

Indian Ocean

האוקיינוס האנטרקטי

Antarctic Ocean

האוקיינוס הארקטי

Arctic Ocean

הקוטב הצפוני

Ọpó Ìlà Òrùn

כדור הארץ	אנטארקטיקה	הקוטב הדרומי
Ayé	Antarctica	Ọ̀pó Ìwọ̀ Òrùn

אי	ים	אדמה
erékùsù	òkun	ilẹ̀
	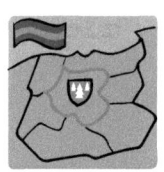	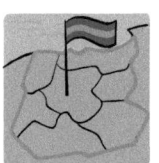
	מדינה	לאום
	ìpínlẹ̀	orílẹ̀-èdè

שעון
aago

פני השעון
ojú aago

מחוג השעות
ọwọ́ wákàtí

מחוג הדקות
ọwọ́ ìṣẹ́jú

מחוג השניות
ọwọ́ ìṣẹ́jú àáyá

מה השעה?
Kíni aago sọ?

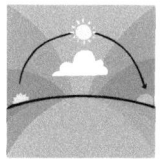

יום
ọjọ́

זמן
àkókò

עכשיו
báyìí

שעון דיגיטלי
aago onínọ́mbà

דקה
ìṣẹ́jú

שעה
wákàtí

שבוע
ọ̀sẹ̀

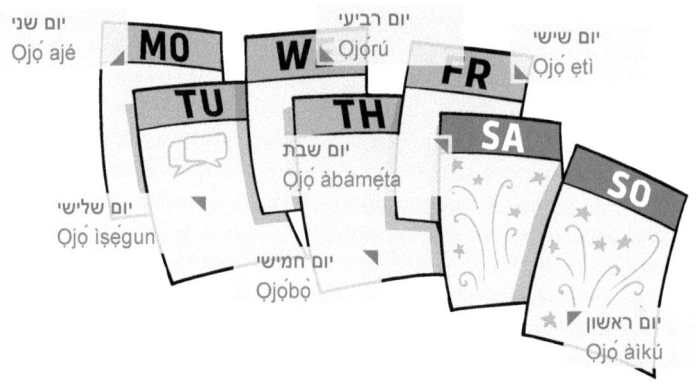

יום שני — Ojọ́ ajé
יום רביעי — Ojọ́rú
יום שישי — Ojọ́ ẹtì
יום שבת — Ojọ́ àbámẹ́ta
יום שלישי — Ojọ́ ìsẹ́gun
יום חמישי — Ojọ́bọ
יום ראשון — Ojọ́ àìkú

אתמול
àná

היום
òní

מחר
ọ̀la

בוקר
àárọ̀

צהריים
ọ̀sán

ערב
ìrọlẹ́

ימי עבודה
àwọn ojọ́ iṣẹ́

סוף שבוע
iparí ọ̀sẹ̀

שנה
ọdún

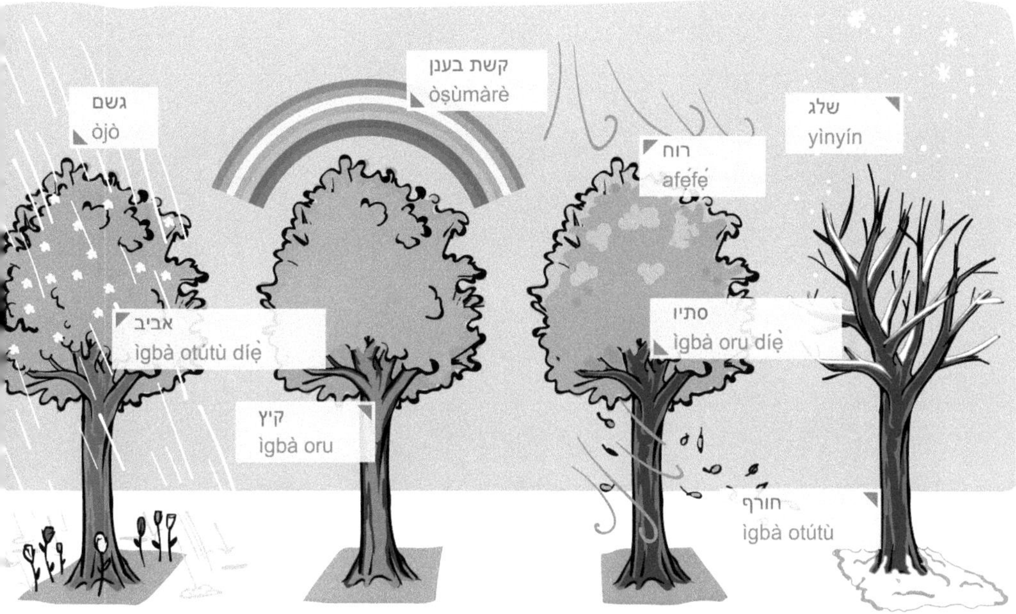

גשם
òjò

קשת בענן
òṣùmàrè

שלג
yìnyín

רוח
afẹ́fẹ́

אביב
ìgbà otútù díẹ̀

סתיו
ìgbà oru díẹ̀

קיץ
ìgbà oru

חורף
ìgbà otútù

תחזית מזג האוויר
ìsọtẹ́lẹ̀ ojú-ọjọ́

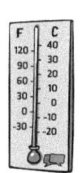

מד חום
ẹ̀rọ ìwọ̀n oru

אור שמש
ìtànsán òrùn

ענן
òfurufú

ערפל
ọ̀pọ̀lọ́

לחות
ọ̀gìnniti

ברק
iná

רעם
àrá

סערה
ìjì

ברד
kùrukùru

רוח עונתי
afẹ́fẹ́

שיטפון
àgbàrá

קרח
omi dídì

ינואר
Oṣù kínní

פברואר
Oṣù kejì

מרץ
Oṣù kẹẹ̀ta

אפריל
Oṣù kẹẹ́rin

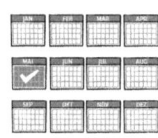

מאי
Oṣù kaàrún

יוני
Oṣù kẹfà

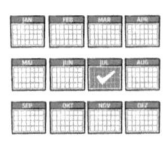

יולי
Oṣù keèje

אוגוסט
Oṣù keèjọ

שנה - ọdún

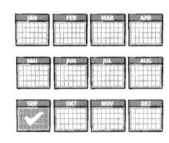
ספטמבר
Oṣù keẹ́sán

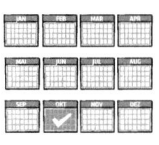
אוקטובר
Oṣù kẹ̀wá

נובמבר
Oṣù kọkànlá

דצמבר
Oṣù kejìlá

צורות
àwọn ìrísí

עיגול
róbótó

מרובע
onígun mẹ́rin dọ́gba dọ́gba

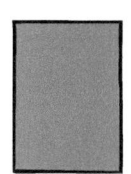
מלבן
onígun mẹ́rin

משולש
onígun mẹ́ta

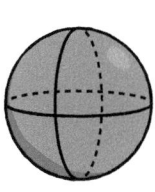
כדור
sifia

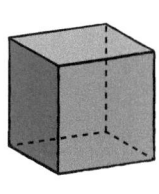
קובייה
kubu

צבעים
àwọn àwọ̀

לבן
funfun

צהוב
yẹlo

כתום
olómi ọsàn

ורוד
pinki

אדום
pupa

סגול
pọpu

כחול
bulu

ירוק
aláwọ̀ ewé

חום
buranu

אפור
rẹ́súrẹ́sú

שחור
dúdú

הפכים
òdì

הרבה / מעט

ọ̀pọ̀ / níwọ̀nba

כועס / רגוע

bínnú / farabalẹ̀

יפה / מכוער

rẹwà / òbùrẹwà

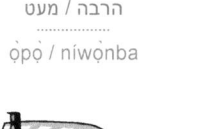

התחלה / סוף

bíbẹ̀rẹ̀ / òpin

גדול / קטן

ńlá / kékeré

בהיר / כהה

mọ́lẹ̀ / dúdú

אח / אחות

arákùnrin / arábìnrin

נקי / מלוכלך

mímọ́ / dọtí

שלם / חלקי

parí / àìparí

יום / לילה

ọjọ́ / alẹ́

מת / חי

kú / àyè

רחב / צר

fẹ̀ / tínrín

אכיל / לא אכיל

jíjẹ / àìlèjẹ

רשע / טוב לב

ibi / dára

מתרגש / משועמם

dunnú / sísú

שמן / רזה

tóbi / tínrín

ראשון / אחרון

àkọ́kọ́ / ìgbẹ̀yìn

חבר / אויב

ọ̀rẹ́ / ọtá

מלא / ריק

kún / ṣófo

קשה / רך

le / rọ̀

כבד / קל

wúwo / fúyẹ́

רעב / צמא

ebi / òhùngbẹ

חולה / בריא

àìsàn / lera

בלתי-חוקי / חוקי

tàpá sòfin / bá òfin mu

נבון / טיפש

ọlọ́gbọ́n / òmùgọ̀

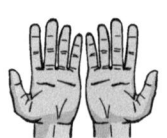

שמאל / ימין

òsì / ọ̀tún

קרוב / רחוק

tòsí / jìnnà

חדש / משומש

tuntun / àlòkù

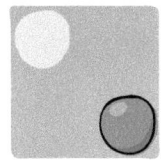

כלום / משהו

àìsí nkan / níní nkan

זקן / צעיר

arúgbó / ọ̀dọ́

פעיל / כבוי

tàn / kú

פתוח / סגור

ṣí / padé

שקט / רועש

dákẹ́ / pariwo

עשיר / עני

lọ́rọ̀ / tòsì

נכון / שגוי

tọ̀nà / àitọ̀nà

מחוספס / חלק

àìdán / dán

עצוב / שמח

banújẹ́ / dunú

קצר / ארוך

kúrú / gùn

איטי / מהיר

lọra / yára

רטוב / יבש

tutù / gbẹ

חם / קר

lówọ́rọ́ / otútù

מלחמה / שלום

ogun / àlàfíà

הפכים - òdì

מספרים
nǫ́mbà

0 אפס — òdo

1 אחת — méní

2 שתיים — méjì

3 שלוש — mę́ta

4 ארבע — mę́rin

5 חמש — márùún

6 שש — mę́fà

7 שבע — méje

8 שמונה — mę́jọ

9 תשע — mę́sàán

10 עשר — mę́wàá

11 אחת-עשרה — mọ́kànlá

12
שתים-עשרה
méjilá

13
שלוש-עשרה
mẹ́tàlá

14
ארבע-עשרה
mẹ́rinlá

15
חמש-עשרה
mẹdogun

16
שש-עשרה
marundínlógún

17
שבע-עשרה
mẹ́tàdínlógún

18
שמונה-עשרה
méjidínlógún

19
תשע-עשרה
mọ́kàndínlógún

20
עשרים
ogún

100
מאה
ogọ́rùún

1.000
אלף
ẹgbẹ̀rún

1.000.000
מיליון
miliọnu

מספרים - nọ́mbà

שפות
àwọn èdè

אנגלית

Gẹ̀ẹ́sì

אנגלית אמריקאית

Gẹ̀ẹ́sì Ilẹ̀ Amẹ́ríkà

סינית מנדרינית

Mandarini Ṣaina

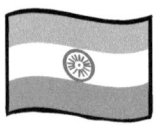

הודית

Hindi

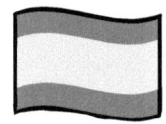

ספרדית

Sipanisi

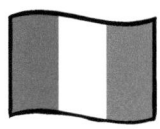

צרפתית

Faransé

ערבית

Lárúbáwá

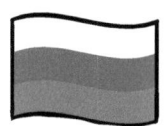

רוסית

Rọsia

פורטוגזית

Pọtugi

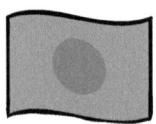

בנגלית

Bẹngali

גרמנית

Jamani

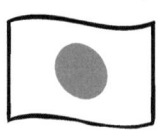

יפנית

Japanisi

מי / מה / איך
tani / kínni / báwo

אני
Èmi

אתה / את
ìwọ

הוא / היא / זה
ọkùnrin / obìnrin / nkan

אנחנו
àwa

אתם
ìwọ

הם
àwọn

מי?
tani?

מה?
kínni?

איך?
báwo?

איפה?
níbo?

מתי?
nígbà wo?

שם
orúkọ

איפה
níbo

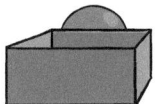

מאחור
lẹ́yìn

בתוך
inú

לפני
níwájú

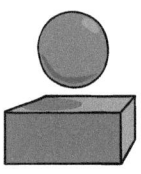

מעל
lókè

על
lórí

מתחת
lábẹ́

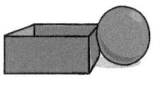

ליד
lẹ́gbẹ̀ẹ́

בין
láàrín

מקום
ibi